Ellos Primero Oraron

Escrito por Marti Plemons
Ilustrado por Diann Hamilton Olson

Equipo Ministerial de Discipulado
Iglesia Presbiteriana Cumberland

2015
Memphis, Tennessee

Marti Plemons es una escritora con experiencia en materiales para niños. Ella es miembro de la Primera Iglesia Presbiteriana Cumberland de Murfreesboro en Murfreesboro, Tennessee.

Diann Hamilton Olson es miembro de la Primera Iglesia Presbiteriana Cumberland de McKenzie en McKenzie, Tennessee. Este libro es su primer trabajo publicado.

Translated by Milton Ortiz.

Discipleship Ministry Team, CPC
ISBN-13: 978-0692425961
ISBN-10: 0692425969

OUR UNITED OUTREACH
Made Possible In Part By Your Tithe To Our United Outreach

Replica d la cabña del Rev. Samuel McAdow.

¡Ellos Primero Oraron!

Pedro estaba emocionado! Estaba acampando con un grupo de su iglesia. Ellos estaban en el Parque Estatal Montgomery Bell en Dickson, Tennessee.

Ellos habían asado perros calientes y masmelos en el fuego. Después el hermano David, uno de los lideres, les contó historias. Y la hermana Terri, la otra líder, les había dicho, "Tenemos una sorpresa. Mañana ustedes van a ir a ver una cabaña real."

"Pero ahora es tiempo de dormir. Vengan para que oremos juntos."

Lauren protestó, "Pero hermana Terri, estamos acampando!"

La hermana Terri solo sonrió. "¿No crees que a Dios le gustaría oír sobre lo bien que lo están pasando?"

"Oh...está bien!" dijo Lauren. "Dios está con nosotros todo el tiempo. Casi se me olvida."

A Pedro le gustó la idea de dormir en una carpa, pero no estaba seguro sobre dormir en el suelo! Bueno, él estaba tan emocionado que no se quería dormir. Estaba pensando sobre mañana. Ellos verían una cabaña real!

De repente, dos pequeñas patitas y una cara peluda apareció cerca de su mochila. "Hola!" dijo una pequeña voz.

"¿Quién eres?" preguntó Pedro. Todo lo que vio fue un par de ojos negros y una cola peluda y larga. "Me llamo Rusty."

Lauren oyó el mur-
mullo y caminando de
puntitas se asomó a ver
qué pasaba.

Pedro miró hacia arri-
ba y dijo, "Esa es Lauren.
Yo soy Pedro ¿Como lle-
gaste aquí?"

"Soy una ardilla," contestó Rusty. "Yo puedo llegar a cual-
quier lugar ¿Tienen algo para comer?"

Pedro encontró algunas nueces en su mochila y se las dio
a Rusty. Después Pedro dijo, "Mañana vamos a ir a ver una
cabaña!"

"Sí, yo estaba escuchando sus historias," dijo Rusty. "¿Les gustaría oír otra historia...una historia real, verdadera?"

"Claro que sí!" exclamaron Pedro y Lauren emocionados.

"Bueno, esta historia ocurrió hace doscientos años. Tiene que ver con la cabaña que ustedes van a ver mañana," comenzó Rusty, "y con Samuel McAdow, el hombre que vivió allí."

"Esta parte de Tennessee se llamaba Cumberland. La gente vivía en cabañas. Ellos cazaban para comer y cultivaban sus propios vegetales. Sus vecinos más cercanos vivían a muchos kilómetros de distancia y los pueblos que tenían iglesias estaban mucho más lejos."

"La gente necesitaba oír acerca de Jesús," continuó Rusty. "Entonces llegaron predicadores al área, a la cual se le llamaba la frontera. Ellos montaban a caballo mientras encontraban personas para hablarles acerca de Jesús.

Cuando la gente oía que había un predicador en el área, familias enteras venían a escucharle. Las personas recorrían varios kilómetros para venir. Ellas llegaban en carruajes, a caballo y otras llegaban caminando. Todos acampaban juntos. Estas actividades al aire libre, llamadas campañas evangelísticas, duraban muchos días."

"Las personas que vivían en la frontera Cumberland quería mas pastores para tener más iglesias cercanas," explicó Rusty.

Lauren preguntó, "¿El hombre que vivía en la cabaña era un pastor?"

"Sí, Samuel McAdow fue un pastor Presbiteriano. El 3 de febrero de 1810, otros dos pastores Presbiterianos vinieron a visitarlo. Sus nombre eran Finis Ewing y Samuel King. Otro hombre, Ephriam McLean, vino con ellos. El quería ser pastor también. Pero la iglesia Presbiteriana pensó que él no estaba listo para ser un pastor."

"Ewing y King sabían que la frontera necesitaba pastores. Ellos creían que su amigo estaba listo," explicó Rusty. "Pero tres pastores tenían que estar de acuerdo."

Entendiendo bien, dijo Pedro, "Entonces por eso fue que ellos vinieron a ver a Samuel McAdow!"

"¿les ayudó Samuel McAdow?" preguntó Lauren.

"No de inmediato," dijo Rusty, "no de inmediato…"

Pedro estaba intrigado. "¿Por qué el Pastor McAdow no les ayudó, Rusty?"

"El necesitaba hacer algo antes de poder ayudarles. Primero él necesitaba orar. En realidad, el oró toda la noche."

"¿Toda la noche?" preguntó Pedro.

Rusty afirmó, "Toda la noche. Y después él les ayudó."

Pedro dijo, "Ellos hicieron pastor al otro hombre."

"Sí, ellos lo hicieron," dijo Rusty.

Lauren preguntó, "¿Ellos comenzaron una iglesia?"
Rusty se rió, "¡Claro que sí! La Iglesia Presbiteriana no estuvo de acuerdo con lo que ellos habían
hecho; pero estos hombres creyeron que estaban
haciendo lo que Dios quería."
Rusty explicó que aún más personas llegaron a
ser pastores. La gente comenzó nuevas iglesias. Estos hombres no solo comenzaron una iglesia, ellos
comenzaron una nueva denominacion!

"¿Qué es una denominación?" preguntó Lauren.

Rusty dijo, "es un grupo de iglesias que creen lo mismo acerca de Dios y la Biblia."

"¿Qué denominación comenzaron ellos?" Pedro y Lauren querían saber.

Rusty dijo, "Bueno, ellos eran Presbiterianos y vivían en la frontera Cumberland."

Presbiteriana Cumberland!" dijo Lauren.
"Esta es nuestra iglesia!"

Rusty afirmó, "Mañana ustedes verán el lugar
donde comenzó su iglesia."

Pedro bostezó. "A dormir," dijo Rusty viéndo-
los a ellos acomodarse en sus bolsas de dormir.

Al dia siguiente, Lauren y Pedro y sus amigos fueron con los hermanos Terri y David a ver la cabaña. "¿Ustedes saben que pasó aqul?" Pregunto el hermano David.

Lauren dijo, "Tres pastores comenzaron la Iglesia Presbiteriana Cumberland!"

Pedro dijo, "Pero elios primero oraron."

Capilla Presbiteriana Cumberland donde nació la Iglesia.

Monumento Presbyteriano Cumberland donde nació la Iglesia.

www.ingramcontent.com/pod-product-compliance
Lightning Source LLC
Chambersburg PA
CBHW041224040426
42443CB00002B/80